D1869968

# Meine schönsten Zwergengeschichten

Illustration: Miguel Epes · Text: Katja Epes

# Inhalt

# Willkommen im Land der Zwerge!

Ihr werdet sehen, dass wir sehr nette, lustige Kerlchen sind.

In den nächsten Geschichten werdet ihr viel über uns erfahren und wenn ihr das nächste Mal im Wald oder auf einer einsamen Wiese seid, schaut doch mal genauer hin, vielleicht entdeckt ihr ja einen von uns!

# Im Land der Zwerge

Es ist noch sehr früh am Morgen, als im Zwergenland die Sonne langsam aufgeht. Alle Nachttiere wie Füchse, Rehe und Wildschweine haben sich schon wieder in die schützenden Wälder zurückgezogen und legen sich schlafen. Die Vögel aber erwachen erst jetzt und beginnen mit leisem Zwitschern und Pfeifen den neuen Tag. Ganz ruhig ist es noch im Land der Zwerge. Das Zwergenland liegt weit ab von großen Städten und kleinen Dörfern, so weit, dass noch nie ein Mensch sich hierher verirrt hat. Keine Straße führt in dieses Tal und zu Fuß müsste man riesige Berge besteigen, um in dieses Land zu gelangen.

Aber es ist sicher auch gut so. Die Zwerge sind liebenswürdige, kleine Wesen, die niemandem etwas Böses zutrauen. Sicherlich würde ihr Leben hier im Zwergenland längst nicht mehr so ruhig verlaufen, wenn Menschen sich angesiedelt hätten.

Die Zwerge leben schon seit vielen hundert Jahren in dieser Gegend. Aber nicht nur hier im Zwergenland sind die kleinen Wichtel vertreten. Überall auf der ganzen Welt gibt es sie, gut versteckt in Wäldern oder auf Bergen, sogar in der Wüste soll es einige von ihnen geben und in Sibirien, wo der Winter sehr lang und kalt ist. Doch das alles liegt weit weg. Die Zwerge hier im Zwergenland haben Glück: Ihr Land liegt an einem Ort, wo es weder zu heiß noch zu kalt ist. Im Sommer ist es immer schön grün und im Winter liegt weißer Schnee. Im Moment ist gerade Sommer im Zwergenland und auf den grünen Wiesen blühen bunte Blumen.

Die Zwerge leben in kleinen, gemütlichen Häusern, die meistens unter die Wurzeln von großen, dicken Bäumen gebaut sind. Dort sind sie sicher und geschützt, obwohl sie nicht viele Feinde haben. Manchmal müssen sie sich vor großen Raubvögeln schützen, denn für diese sind sie einfach ein leckeres Mittagessen. Mit den Tieren verstehen sie sich sehr gut, denn sie sorgen auch für alle Lebewesen, die im Wald oder auf den Wiesen leben.
Die Häuser der Zwerge sind sehr gemütlich eingerichtet, alles ist aus Holz selbst gebaut und mit bunten Stoffen verziert. Die Betten stehen oft mitten im Raum, weil dort auch die Feuerstelle ist.

Da aber im Moment Sommer ist, werden die Feuer unter den offenen Kaminen nur zum Kochen geschürt. Im Haus von Kritzbi ist es heute Morgen etwas kühl, als die ersten Sonnenstrahlen durch das Fenster fallen und den Raum erhellen. Kritzbi, noch sehr verschlafen, reckt und streckt müde die Arme in die Luft. „Was, schon Zeit zum Aufstehen?“, murmelt er verschlafen vor sich hin. „Ich könnte noch mindestens zwei Stunden länger schlafen.“
Doch dann hört er die Vögel munter zwitschern und sieht die Sonne, wie sie schon hoch am Himmel steht. „Also gut, raus aus dem Bett und frisch gemacht!“, ruft er fröhlich und hüpft mit einem Satz aus dem Bett.

Dann beginnt er mit der täglichen Morgentoilette, die für einen Zwerg sehr aufwändig ist! Kritzbi aber ist ein sehr ordentlicher Zwerg und schon als ganz kleines Kind hat ihm seine Mutter beigebracht, dass man immer sauber und gepflegt aussehen sollte. So geht er als Erstes ans Waschbecken, das mit eiskaltem Wasser gefüllt ist, und bespritzt sich das Gesicht damit. „Pfui, wie kalt!“, ruft er laut aus, aber das tut er jeden Morgen. Nun wäscht er sich den restlichen Körper und besonders gründlich die Füße. Schwierig wird es mit den Haaren, denn die Zwergenhaare sind dick und wuschelig. Nur sehr mühsam kann er mit einem breiten Holzkamm die Strähnen bändigen. Zum Schluss nimmt er die große Zahnbürste und geht vor die Haustür.

Vor der Tür scheint ihm die warme Sonne entgegen. Er genießt den schönen Blick über die grüne Wiese, auf der viele bunte Blumen blühen. „Was für ein wunderschöner Tag!“, ruft er laut und freut sich über sein hübsches Zuhause. Ich finde, wir Zwerge sollten diesen schönen Sommer genießen und ein richtig tolles Sommerfest feiern, denkt er bei sich, putzt sich die Zähne fertig und geht wieder ins Haus. Nach dem Frühstück macht er sich gleich auf den Weg zu seinem Freund Tobogo, der nicht weit weg in einer kleinen Höhle unter einer dicken Baumwurzel wohnt. Tobogo ist ganz verwundert, dass Kritzbi so aufgeregt ist.

„Tobogo, Tobogo, ist es nicht ein wunderbarer Sommer dieses Jahr?“, ruft Kritzbi seinem Freund schon von weitem zu. „Ja, natürlich, aber bist du deshalb etwa so aufgeregt?“, wundert der sich. „Nein, natürlich nicht, ich habe nur eine Idee. Ich finde, wir Zwerge sollten froh darüber sein, dass wir an so einem schönen Ort leben und deshalb müssen wir ein Fest feiern!“ Tobogo schaut seinen Freund ungläubig an. „Hast du denn erst heute festgestellt, dass unser Zwergenland wunderschön ist?“ „Nein“, antwortet Kritzbi, das weiß ich schon lange. Aber wir sollten es auch mal feiern und dazu alle Freunde einladen, die mit uns hier im Zwergenland wohnen. Lass es uns schnell den anderen vorschlagen, mal sehen, was sie davon halten.“

In Windeseile wissen alle Zwerge aus dem Zwergendorf Bescheid. Und keiner ist gegen ein Fest, im Gegenteil, Zwerge lieben es, Feste zu feiern. Sie bereiten sich besonders gut darauf vor, damit es wirklich ein unvergessliches Fest wird. Nachdem die beiden Zwerge Kritzbi und Tobogo die anderen von ihrem Vorhaben unterrichtet haben, überlegen alle gründlich, was sie zum Gelingen des Festes beisteuern können. Jeder Zwerg soll sich etwas ausdenken, womit er den anderen eine Freude bereiten kann. Da gibt es zum Beispiel die Musikanten, die sich sofort in die Werkstatt begeben, um Musikinstrumente zu basteln. Das ist gar nicht einfach, denn die Instrumente sollen nicht nur schön aussehen, sondern sie müssen auch schöne Musik machen und das geht nur, wenn sie ganz genau gebaut werden und die Löcher an der richtigen Stelle gebohrt sind. „Lass mal deine Flöte hören!“, ruft einer der Musikanten dem Flötenbauer zu. „Pffiiiiiiii“, ertönt es laut und die anderen Zwerge halten sich erschrocken die Ohren zu. „Oh, da hab ich wohl falsch gebohrt!“, sagt der Musiker leise und beginnt an der Flöte herumzufeilen.

Die restlichen Zwerge aus dem Dorf haben sich andere lustige Dinge überlegt, denn es soll ja nicht nur Musik und Tanz geben auf dem Fest. Elgrit und Bogirz, die beiden ältesten Zwerge aus dem Dorf, haben sich zum Beispiel einen kleinen Wettkampf ausgedacht: Die Zwerge müssen dabei verschiedene Stationen ablaufen, an denen sie jeweils etwas tun müssen, wie ein Kreuzworträtsel lösen oder schätzen, wie viele Erbsen sich in einem Glas befinden. Dann wiederum sind auch jede Menge Spiele geplant, denn Zwerge lieben Spiele.
Es soll Sackhüpfen geben und Stelzenwettlauf, Bockspringen und Eierlauf.

Der Termin für das große Fest steht auch schon fest: Mittwoch in sieben Tagen. Ein Wochenende wie wir kennen die Zwerge nicht, denn bei den Zwergen sind alle Tage gleich und es gibt keinen Unterschied zwischen Arbeits- und Feiertagen.
Tobogo beginnt schon früh mit dem Schreiben der Einladungen: Mit einem grünen Buntstift schreibt er den Text auf selbst gemachtes Papier. In großen Buchstaben steht da:

**EINLADUNG**

Wir Zwerge aus dem Zwergendorf möchten alle Bewohner des Waldes und der Wiesen zu unserem diesjährigen Sommerfest am Mittwoch in sieben Tagen einladen. Wir freuen uns auf euch!

*Eure Zwerge*

Die Einladungen steckt Tobogo in weiße Umschläge und klebt sie zu.

Der Vogelbote sitzt schon abflugbereit auf einem Ast und wartet. Jedes Mal, wenn Tobogo eine Karte fertig geschrieben hat, übernimmt er den Umschlag und bringt ihn an den Empfänger. Manchmal muss er nicht weit fliegen und ist bald wieder zurück. Bei einigen Briefen hat er aber eine weite Strecke zu fliegen und dann kommt er schon mal etwas erschöpft zurück. Es dauert aber nicht lange, da hat er alle Briefe ausgeteilt. Die meisten Gäste haben schon zugesagt und so können die Zwerge genau planen, wie viel Essen zubereitet werden muss.

Die Essensvorbereitung ist ein sehr schwieriger Teil des Festes, denn es kommen die verschiedensten Gäste und jeder hat einen anderen Geschmack. Von A–Z, von Apfelkuchen bis Zitroneneis ist wirklich alles vorhanden und auch für die verschiedenen Tierarten ist gesorgt. Die Kochzwerge beginnen also zeitig mit den Vorbereitungen, schnipseln Gemüse und Obst, backen und braten, rühren und kneten und bald riecht es im ganzen Zwergendorf nach vielen leckeren Dingen. Gegessen werden darf aber erst am Tag des Festes und der rückt immer näher!
Am Morgen des großen Tages reisen die ersten Gäste schon sehr früh an. Sie haben eine weite Wanderung hinter sich und wollen sich noch etwas ausruhen. Dafür haben die Zwerge extra ein Gästehaus errichtet, in dem die Gäste Mittagsschlaf halten oder sich noch umziehen können.

Und dann geht es los!
Die Musikanten spielen stimmungsvolle Musik und alle feiern kräftig mit.

Die Vorführungen der Zwerge kommen sehr gut an und für Kritzbi, der einen tollen Tanz vorführt, gibt es kräftigen Applaus. „Zugabe, Zugabe!“, rufen die Gäste, aber Kritzbi kann nicht mehr. Der Tanz hat ihn so angestrengt, dass er erst mal eine Pause einlegen muss.

Den ganzen Tag wird getanzt, gefeiert und gespielt. Spätabends wird auch der Sieger des Wettkampfes bekannt gegeben und es ist zur Überraschung aller der kleine Marienkäfer Frederik. Er konnte am allerbesten auf den großen Stelzen laufen, mit den Säcken hüpfen und auch im Eierlauf war er unschlagbar. „Woher kannst du das nur so gut?“, fragt ihn die Grille ganz beeindruckt. „Wir waren schon immer eine sportliche Familie“, antwortet Frederik.
Erst spät nach Mitternacht hört die Musik auf zu spielen, da die Musiker müde sind und nach Hause wollen. Am Ende des Festes sind sich aber alle einig: Es war ein richtig tolles Sommerfest!

# Der Angelausflug

Ganz in der Nähe des Dorfes lebt der kleine Zwerg Baltasar mit seiner Mama. Die beiden haben sich eine gemütliche Hütte aus Stroh gebaut, die gut geschützt zwischen einer Baumwurzel und Gräsern versteckt liegt. Baltasars Mutter ist eine Tierheilerin. Sie verlässt jeden Morgen schon vor Sonnenaufgang die Hütte und geht in den Wald, wo sie verletzte Tiere behandelt oder Kräuter für die Medikamente sucht. Baltasar kümmert sich dann um die Hütte und den Garten.

Heute musste auch er schon recht früh raus, was für den kleinen Zwerg sehr ungewöhnlich ist, da er eigentlich ein richtiger Langschläfer ist. Er kann manchmal sogar bis mittags im Bett bleiben, und seine Freunde lachen schon über ihn, wenn er dann völlig verschlafen zum Spielen kommt. Heute aber hat ihn seine Mutter geweckt. „Suchst du bitte das Holz für unser Feuer?“, hat sie ihn gefragt, und noch bevor er seine müden Augen öffnen konnte, war sie auch schon aus der Tür und verschwunden.

„Also gut, dann steh ich eben früh auf, erledige meine Arbeit und lege mich zum Mittagsschlaf wieder ins Bett!“ Und schwups, mit einem Satz ist er aus seinem Bett gesprungen und hat sich seine Kleider übergezogen. Im Wald ist es morgens immer am schönsten, denn da zwitschern die Vögel fröhlich. Baltasar braucht nicht lange zu gehen, um seinen Korb zu füllen. Abgebrochene Hölzer und Stöcke liegen rechts und links vom Weg. Schnell ist er fertig und macht sich auf den Rückweg.

Zu Hause angekommen beginnt er gleich, ein Feuer zu entfachen. Da die Zwerge keinen Strom haben, müssen sie alles ohne elektrische Geräte machen. Um abends ein warmes Abendessen zu haben, beginnen sie oft schon früh am Morgen mit den Vorbereitungen. Zuerst nimmt Baltasar zwei ganz dünne Äste und reibt sie so lange aneinander, bis Funken sprühen. So entzündet er trockenes Gras, worauf er trockene Holzstücke legt, bis ein richtiges Feuer entsteht.

Baltasars Mama hat in einem großen Topf schon das Essen vorbereitet, es muss nur warm gemacht werden. „Was es heute wohl Leckeres gibt?“, fragt Baltasar sich neugierig und schaut in den Topf hinein. „Iiih, Gemüsesuppe!“ Das schmeckt dem kleinen Zwerg gar nicht. „Immer Gemüsesuppe, mindestens dreimal in der Woche, pfui! Mama sagt immer: ‚Das ist gesund, das ist gut für deine Haare, mit dem Gemüse bekommst du viele Vitamine.‘ Das kann ja alles stimmen, aber ich will heute ein richtig leckeres Essen!“
Plötzlich hört er draußen vor der Tür Stimmen. „Baltasar, bist du zu Hause? Hast du nicht Lust, mit uns am See zu angeln?“ Es sind Baltasars Freunde Schluri und Schnupfi. Fast jeden Tag trifft er sich mit ihnen zum Spielen und Abenteuererleben.

„Klar komm ich mit!“, ruft er erfreut und schnappt sich den großen Korb, der hinter der kleinen Tür hängt. Die beiden Zwerge freuen sich darüber, dass Baltasar mitkommt. Aber als der aus der Tür kommt, schauen sie ihn verwundert an.

„Wo hast du nur deine Angel gelassen?“, fragen sie erstaunt, denn Baltasar hat nur seinen Korb über der rechten Schulter hängen. „Ich brauche keine Angel, ihr werdet schon sehen“, antwortet er seinen beiden Freunden. Diese lachen erst einmal laut. „Du angelst ohne Angel? Wie soll denn das funktionieren, willst du die Fische mit den bloßen Händen herausfischen?“, fragt ihn Schnupfi und Schluri lacht.

Da ärgert sich Baltasar über seine Freunde und er überlegt, wie er am besten einen dicken Fisch fangen kann. „Lauft schon mal vor, ich komme gleich nach!", ruft er seinen Freunden zu und rennt noch mal zurück in das kleine Zwergenhäuschen. Er packt Angelschnur und Angelhaken in den Korb und rennt wieder aus dem Haus hinaus und seinen Freunden hinterher. „Ich bin schon wieder da!", ruft er ihnen von weitem zu. „Und ich wette mit jedem von euch, dass ich heute den allerdicksten Fisch angeln werde." Die beiden Freunde gucken ganz ungläubig und nehmen die Wette an. „Derjenige, der den größten Fisch angelt, darf sich von den anderen etwas wünschen!", schlägt Schnupfi vor. Baltasar und Schluri sind einverstanden.

Während die drei Zwergenjungen angeln gehen, ist Baltasars Mutter zu Hause angekommen. „Hab ich es mir doch gedacht, Baltasar ist gar nicht da. Sicherlich ist er mit seinen Freunden Schnupfi und Schluri unterwegs. Die drei müssen doch immer irgendetwas aushecken. Wenigstens hat er Holz gesammelt und das Feuer entfacht. Da kann ich schon die Gemüsesuppe aufwärmen.“ Sie legt neue Holzscheite auf die lodernden Flammen und als das Feuer schön brennt, stellt sie den schweren Kochtopf darüber.

„Ich weiß doch, dass Baltasar immer Hunger hat, und seine Freunde sicherlich auch.“

Dann macht sie sich ans Tischdecken. Diese Arbeit ist schnell getan, denn der Tisch steht direkt neben einem alten Geschirrschrank, in dem sich kleine und große Porzellanteller übereinander stapeln. Sie deckt für fünf Personen, denn so ganz genau weiß sie nie, wer alles noch zum Essen kommt. Baltasar hat immer einige Freunde bei sich und manchmal bringt er auch ein verletztes Tier mit nach Hause, das er im Wald gefunden hat.
Nachdem der Tisch gedeckt ist, geht sie noch eine Flasche frischen Sauerampfersaft holen. Uns Menschen würde dieser saure Saft nicht zusagen, aber die Zwerge mögen Saures und trinken ihn sehr gerne!
Nachdem alles fertig ist, setzt sie sich an den gedeckten Tisch und wartet auf Baltasar.

Baltasar denkt aber im Moment an etwas ganz anderes. Er hat mit seinen Freunden gewettet und möchte den allergrößten Fisch fangen. Er hat auch schon eine Idee, wie er das anstellen kann.

Er bindet sich die beiden Angelschnüre an die großen Fußzehen. Am Ende der Schnüre befinden sich zwei silberne Angelhaken. Der kleine Teich liegt ruhig zwischen drei großen Bäumen. Zum Glück gibt es hier in dem Tümpel keine Wassernixen, denn die werden immer sehr böse, wenn man ihre Fische fangen will. Hier haben die drei Freunde aber schon oft geangelt und sie sind noch keiner begegnet. Schnupfi und Schluri müssen laut lachen, als sie Baltasar mit seinen Angelschnüren sehen. „Und so willst du einen Fisch fangen?“, lachen sie laut und machen Scherze über ihren Freund.

Doch schon nach einigen Minuten zieht es an Baltasars linkem Fußzeh und der erste Fisch zappelt am Haken. Und weil es allen dreien so viel Spaß macht, verbringen sie den ganzen Nachmittag mit Angeln.
Baltasar fängt noch viele Fische, doch er bringt es nicht übers Herz, sie mit nach Hause zu nehmen.
Er setzt sie gleich wieder in das kühle Wasser zurück.
„Herzlichen Glückwunsch!“,
rufen die Freunde. „Du hast tatsächlich den allergrößten Fisch gefangen!
Du darfst dir etwas von uns wünschen.“

„Ich wünsche mir, dass ihr zum Abendessen mit zu mir nach Hause kommt!“, erklärt Baltasar.
Erst spätabends kommen sie nach Hause. Nach so einem erlebnisreichen Ausflug freuen sie sich alle auf das Abendessen von Baltasars Mutter.

# Die Trolle kommen!

Es ist August im Zwergenland, mitten im Sommer und das ist die Jahreszeit, in der sich die Zwerge auf die Suche nach leckeren Beeren machen. Es gibt die verschiedensten Früchte im Wald und auf den Wiesen. Die Zwerge suchen nach Stachelbeeren, Himbeeren, Johannisbeeren und nach Walderdbeeren, denn die schmecken ihnen besonders gut. Heute ist es sehr heiß und Mickmie, ein kleiner Zwerg aus dem Zwergendorf, hat sich zur Mittagszeit auf den Weg gemacht. Er möchte bis zum Abend ganz viele verschiedene Beeren sammeln, um daraus kleine Früchtetörtchen zu backen.

Mitten auf einer grünen Wiese sieht er einen dicken, dunkelgrünen Busch, an dem große, dunkle Beeren hängen. Freudig geht er darauf zu, um sie in seinen Beutel zu pflücken, als er plötzlich bemerkt, dass es gar keine Beeren sind, sondern finster blickende Augen, die ihn aus der Ferne anstarren.

Mickmie hat solche Augen noch nie gesehen und voller Angst rennt er davon. Plötzlich hüpfen aus dem Busch drei hässliche, stinkende Trolle hervor und wollen den kleinen Zwerg fangen. So schnell er kann, rennt er davon, und da er ein sehr flinker Knirps ist, hat er die Trolle auch bald abgehängt.

Wild mit den Armen wedelnd und rufend kommt er im Zwergendorf an. „Trolle! Ich habe drei Trolle im Wald gesehen, sie haben mich bis fast hierher verfolgt!" Die anderen Zwerge kommen ängstlich angerannt. „Trolle – bei uns?", rufen sie ungläubig und können es kaum fassen, denn die letzten Trolle sind vor vielen Jahren hier im Wald gesehen worden.

Der Oberzwerg kommt ganz außer Puste angerannt. Er hat nur ein nasses Handtuch um die Hüften geschlungen, denn er hat gerade sein tägliches Schaumbad genommen. „Wir müssen sofort etwas dagegen unternehmen. Trolle bei uns bedeuten nur Ärger. Ihr wisst doch, sie wollen unsere Vorräte stehlen und uns als ihre Diener benutzen. Lasst uns zur Waldhexe gehen, sie hat sicher einen Rat für uns!“

Die Waldhexe wohnt nicht weit entfernt im dichten Wald. Dort hat sie ein kleines Hexenhäuschen aus Holz gebaut und braut in der Mitte des Zimmers auf einem großen Holztisch ihre Zaubertränke. Die Zwerge haben sich immer gut mit ihr verstanden und so ist sie natürlich sofort bereit, zu helfen. „Trolle", sagt sie langsam und mit rauer Stimme, „Trolle sind widerliche Kreaturen, die faul sind und sich an der Arbeit anderer bedienen. Sie kommen nur, um Ärger zu machen.
Da sie aber viel größer und stärker sind als ihr Zwerge, wird es nicht einfach für euch, sich gegen sie zu wehren. Ihr müsst sie mit Hilfe einer List besiegen, denn von alleine gehen sie nicht." Dann nimmt sie ihr großes Zauberbuch und blättert die alten Seiten um.

Schnell hat sie den passenden Zaubertrank gefunden und beginnt, verschiedene Kräuter und Zutaten in einem Topf zu kochen. Dann murmelt sie unverständliche Dinge, von denen die Zwerge kein Wort verstehen.

Der Kochtopf beginnt zu wackeln und die Flüssigkeit in seinem Inneren färbt sich erst blau, dann rot, dann gelb und so weiter, bis bunte Seifenblasen hervorsteigen.

Die bunt schimmernden Seifenblasen steigen in die Höhe und platzen kurz bevor sie die Decke berühren. Eine der Blasen wird aber immer größer und größer und im Inneren kann man nach kurzer Zeit ganz deutlich eine alte Petroleumlampe erkennen, die an einem Ast hängt. Die Zwerge schauen sich verwundert an, denn keiner weiß, was die Hexe hier gerade tut. „Was tust du da?“, fragt einer von ihnen, doch die Hexe antwortet nicht, zu sehr ist sie auf den Kochtopf und auf die Seifenblasen konzentriert.

Nach einigen Minuten platzt auch die große Seifenblase und der Kochtopf beendet sein Wackeln.
„So, liebe Zwergenfreunde, ich kann euch genau sagen, was ihr zu tun habt“, spricht die Hexe mit müder Stimme. „Die Trolle lassen sich nur verjagen, wenn sie Angst haben. Und am meisten Angst haben sie vor riesigen Monstern und vor hellem Licht. Deshalb verstecken sie sich auch tagsüber in dunklen Wäldern oder Büschen, um nicht direkt mit dem Tageslicht in Berührung zu kommen. Habt ihr nicht auch die Lampe in der Seifenblase gesehen?“ Die Zwerge nicken und lauschen weiter den Worten der Hexe.

„Diese Lampe müsst ihr suchen. Sie hing schon vor vielen Jahren am Eingang des Zwergenlandes in einem großen Baum, der die Form eines Monsters hat. Die Trolle fürchteten sich schon damals sosehr davor, dass sie nie mehr im Zwergenland gesehen wurden. Eines Tages aber war die Lampe verschwunden, keiner weiß warum. Wenn ihr sie findet, macht euch auf den Weg in Richtung Süden, immer geradeaus, dann kommt ihr genau zum großen Baum. Ihr könnt ihn nicht verfehlen, denn er sieht auch ohne die Lampe schon sehr gruselig aus!“ Die Zwerge bedanken sich für die Hilfe und machen sich auf den Heimweg zurück ins Dorf. „Passt gut auf euch auf und viel Glück!“, ruft ihnen die Hexe zum Abschied zu.

Bald sind die Zwerge wieder im Zwergendorf angelangt. Es ist ganz still und leise, denn kein Zwerg traut sich alleine vor die Tür. Überall könnte einer der widerlichen Trolle lauern. Die Zwerge haben sich alle im Haus des Oberzwergs versammelt. Ratlos grübeln sie darüber, wo sie die verloren gegangene Petroleumlampe finden könnten. „Warum nehmen wir nicht einfach eine andere Lampe?“, fragt Schnupfi die anderen. „Das geht nicht, nur mit dieser besonderen Lampe kann der alte Baum so erscheinen, dass sich die Trolle vor ihm fürchten.“

Nun reden alle Zwerge durcheinander, denn jeder hat einen anderen Vorschlag. „Stopp!“, ruft der Oberzwerg laut dazwischen. „Wenn wir alle durcheinander reden, finden wir nie eine Lösung.“

Da meldet sich Orksi, der Schneider der Zwerge, zu Wort. „Wir müssen alles absuchen, den ganzen Wald und unser Dorf. Vielleicht liegt die Lampe ja irgendwo herum und wir wissen es gar nicht.“

Da kommt plötzlich Rubi, ein großer Vogel, ans Fenster geflogen und setzt sich auf der Fensterbank nieder.
„Ich glaube, ich kann euch helfen“, krächzt er langsam.
Die Zwerge schauen ihn ganz erstaunt an. „Nun los, erzähl schon, Rubi!“, rufen sie ihm aufgeregt zu.
„Na ja, mein Urgroßvater wohnte damals direkt neben diesem Baum und als eines Nachts ein heftiger Sturm wütete, fiel die Lampe auf den Boden und war kaputt.
„Oh“, raunen die Zwerge enttäuscht. „Aber das war nicht so schlimm, mein Urgroßvater nahm die Lampe zu sich und reparierte sie. Seit diesem Tag hängt sie über unserem Vogelnest.“
Die Zwerge jubeln ausgelassen und dann beschließen sie, dass Bodi, der Mutigste von allen, sich auf den Weg zum Baum machen soll.

Rubi erklärt sich bereit, den kleinen Zwerg zum Monsterbaum zu fliegen. Und kaum haben sie die alte Petroleumlampe gefunden, fliegen sie auch schon los.

Sie fliegen immer geradeaus Richtung Süden, denn auch Rubi weiß den Weg zum Baum nicht mehr genau.
„Meinst du, dass es ein weiter Weg ist?“, fragt Bodi besorgt, denn er hat sich nichts zu Essen mitgenommen. Und da Zwerge normalerweise achtmal am Tag etwas essen, fängt sein Magen schon bald zu Knurren an.
Rubi muss lachen. „Hast du denn nicht genug gefrühstückt?“, fragt er den kleinen Zwerg. „Doch, gefrühstückt habe ich schon, nur wäre ja jetzt schon wieder das Mittagessen dran. Fliegen wir denn noch lange?“, fragt er den großen Vogel hungrig. „Ich glaube nicht, sieh mal nach vorne!“, antwortet dieser.
Und tatsächlich, in weiter Ferne erkennen sie einen uralten Baum, der keine Blätter mehr trägt, aber die Äste wie zwei Arme von sich wegstreckt.

„Das ist er, wir sind am Ziel!“, jubeln die beiden und fliegen direkt auf den alten Stamm zu. Dort hängen sie die Petroleumlampe direkt in die Mitte und zünden sie an, sodass der Schein der Lampe auch weit im Landesinneren zu sehen ist.
Durch das helle Licht und die dunklen Schatten sieht der Baum wirklich zum Fürchten aus.

Bald wird es dunkel, Rubi und Bodi sind längst schon wieder zu Hause und haben den anderen Zwergen von ihrem Erfolg berichtet.
Im Wald vor dem Zwergenland ist es aber gar nicht so ruhig: Die Trolle wollen heute Nacht die Zwerge überfallen und sie zu ihren Sklaven machen. Langsam keuchend und schnaufend haben sie sich schon auf den Weg gemacht, als sie von weitem ein schreckliches Monster mit glühenden Augen sehen. Schreiend und um Hilfe jammernd rennen sie davon, so weit, dass sie sich im dunklen Wald verlaufen und nie mehr gesehen werden!

## Der Findling

Bald schon hat man im Zwergendorf den Angriff der Trolle vergessen und das Leben nimmt seinen alltäglichen Lauf. Die Wiesen sind voll mit saftigem Gras und die Blumen blühen in allen erdenklichen Farben.
Direkt unter der Baumwurzel einer alten Eiche, ganz in der Nähe des hölzernen Ausgucks, wohnt der kleine Hutzelputz, und zwar ganz alleine. Eigentlich mag er es nicht, alleine zu wohnen, aber bis jetzt hat er noch niemanden gefunden, der seine Hütte mit ihm teilen will. Das liegt nicht daran, dass Hutzelputz unbeliebt ist – er ist sogar sehr beliebt im ganzen Dorf. Es liegt einzig und alleine daran, das Hutzelputz einfach immer sehr, sehr laut ist. Er spricht lauter als alle anderen und er macht immer irgendwie Krach, ohne es zu merken.

Heute Morgen zum Beispiel hat er sich so über den Sonnenaufgang gefreut, dass er voller Übermut laut gebrüllt und dabei alle anderen Zwerge aufgeweckt hat. „Pst, Hutzelputz!“, riefen sie aus allen Ecken.

„Dann geh ich eben irgendwo hin, wo mich keiner hört.“ Und schnurstracks geht er zum Hochsitz, um sich die Gegend von oben zu betrachten.

Vom Hochsitz aus hat man einen wunderschönen Blick über das ganze Zwergenland. Hutzelputz liebt es, sich dort oben hinzusetzen und fröhliche Lieder zu singen. Ich darf nur nicht zu laut werden, sonst schimpfen die anderen wieder mit mir, denkt er und singt nun ganz leise vor sich hin. Hutzelputz hat sich schon immer einen Spielkameraden gewünscht, mit dem er so richtig laut sein kann. Doch bis jetzt hat er noch niemanden gefunden und manchmal ist er darüber auch ein wenig traurig. Kurz vor dem Hochsitz bleibt er stehen und schaut erstaunt auf einige Grasbüschel, hinter denen etwas Weißes hervorschaut.

Langsam und vorsichtig schleicht er sich heran und traut seinen Augen kaum, als er ein großes, weißes Ei mitten im Gras liegen sieht.
„Nanu, wie kommst denn du hierher?“, staunt er und blickt sich um, ob er noch jemanden entdeckt. Aber er findet weder ein Nest noch einen Vogel oder irgendein anderes Tier.
„Ach du dickes Ei!“, ruft er so laut aus, dass sich der braune Hirschkäfer vor ihm im Gras vor Schreck auf den Rücken fallen lässt. „Das Ei braucht Wärme, hier ist es viel zu schattig und zu kalt. Ich muss etwas unternehmen, und zwar schnell. Was mach ich nur?“ Er grübelt nicht lange und entschließt sich, die anderen Zwerge zu Hilfe zu holen. In Windeseile rennt er zum Hochsitz und klettert die dünne Holzleiter hinauf.
„Diesmal muss ich wirklich richtig laut sein, damit sie mich auch hören!“, sagt er sich.
„Und schimpfen dürfen sie dann nicht mit mir, denn es ist ja wirklich ein Notfall!“

Und dann läutet er die Glocke und bimmelt, so laut er nur kann. Der Aufsichtszwerg, der vor dem Dorf auf einem Ast Wache hält, rappelt sich verwundert auf und bläst laut in seine Trompete, um die anderen Zwerge zu informieren.
„Was ist denn los?“, ruft er Hutzelputz zu. „Warum musst du denn so einen Krach machen?“, fragt er wütend. „Es ist ein Notfall!“, schreit Hutzelputz zurück. „Hier im Gras liegt ein großes, weißes Ei ganz alleine und es ist schon ganz kalt. Wir müssen es ins Dorf bringen und wärmen, bevor es zu spät ist.“ Das versteht auch der Aufsichtszwerg und laut ruft er in sein Megafon: „Achtung, Achtung, besitzerloses Ei gefunden! Benötigen sofortige Aufwärmhilfe und Rettungsmaßnahmen!“

Schnell kommen die Zwerge aus allen Ecken angerannt und wollen helfen. „Wir müssen es ins Dorf bringen, da können wir es am besten warm halten!“

Der Doktor-Zwerg kommt schon angerannt und will erste Hilfe leisten.

„Ich weiß, was in solch einem Fall zu machen ist. Wir müssen das Ei in warme Umschläge wickeln, nur so können wir es lange genug wärmen.“
Schnell rennt er in den Schuppen und holt eine hölzerne Schubkarre. Damit will er das Ei sicher von seinem Fundort ins Zwergendorf transportieren. Schnell legt er die Karre mit Stroh aus, damit das Ei keine Bruchstellen bekommt. „Wisst ihr denn, von welchem Tier dieses Ei stammt?“, ruft er den anderen zu. Doch keiner antwortet ihm. Alle sind viel zu aufgeregt. „Na, hoffentlich erleben wir damit keine Überraschung. Ein Schlangenei wird es ja wohl nicht sein. Das könnte übel ausgehen, denn Schlangen mögen uns Zwerge nur als Mahlzeit.“

Der Doktor-Zwerg, der älteste Zwerg, die Kinder-Zwerge, alle rennen auf die Wiese, um das große Ei zu retten. Hutzelputz sitzt immer noch daneben und passt auf, dass es nicht kaputtgeht. „Beeilt euch, ruft er, ich glaube, es hat sich eben bewegt!“ Und tatsächlich, in der weißen Oberfläche befinden sich winzig kleine Risse.

Schon ist Pünktchen mit der Schubkarre da und zusammen heben sie das gefundene Ei vorsichtig ins Stroh. Die kleinen, feinen Risse sind mittlerweile viel größer und breiten sich immer mehr aus. „Es schlüpft, es schlüpft!“, ruft Pünktchen aufgeregt.

Und noch bevor sie das Dorf erreichen fällt das große Ei vom Wagen und zerspringt in viele einzelne Teile. Heraus kommt ein kleines Küken mit einem großen Schnabel!

Das kleine Küken entwickelt sich prächtig und wächst jeden Tag ein kleines Stück. Hutzelputz ist überglücklich, denn das Küken ist genauso laut wie er und so haben sie natürlich viel Spaß zusammen. Wenn Hutzelputz wieder mal viel zu laut singt und brüllt, singt und quakt das kleine Küken noch viel lauter mit. Nun hat er endlich einen richtigen Freund, der auch mit ihm in seiner Hütte wohnt. Im Dorf darf das kleine Küken schon lange nicht mehr schlafen, denn es schnarcht so laut, dass keiner der anderen Zwerge ein Auge zumachen konnte. Hutzelputz ist das egal. Da sie den ganzen Tag so ausgelassen spielen und toben, fällt er abends hundemüde ins Bett und schläft sofort ein. So vergehen einige Wochen.

Mit der Zeit hat sich aus dem kleinen Küken ein stolzer, weißer Schwan entwickelt. Nun weiß auch Hutzelputz, dass sein Freund nicht für immer bei ihm bleiben kann. Schwäne schwimmen über Flüsse und Seen und suchen sich eine Familie. Bald kommt der Tag des Abschieds. Hutzelputz ist zum ersten Mal in seinem Leben ganz still und leise, so traurig ist er darüber, dass sein Freund ihn heute verlässt.

Gemeinsam machen sie sich auf den Weg ans Flussufer. In der Ferne können sie schon die anderen Schwäne sehen, die elegant über das Wasser gleiten. „Das ist nun deine Familie“, sagt Hutzelputz. Der Schwan bedankt sich für alles und schwimmt langsam davon. Dann dreht er sich noch mal zu seinem Freund um und ruft ihm zu: „Auch wenn ich nun eine andere Familie habe, du wirst immer mein bester Freund bleiben!“ Und dann verspricht er, dass er jedes Jahr einmal zu Besuch kommt und ihm alles von seinem Leben als stolzer Schwan erzählt!

# Die Flugmaschine

Es ist ein schöner Spätsommertag und bei Familie Oberzwerg ist heute Backtag. Luritz, einer der ältesten Zwerge aus dem Dorf, hilft seiner Frau bei den Vorbereitungen. Schon früh am Morgen heizt er den Steinofen im Garten an, damit es im Inneren schön heiß wird. Dafür hat er gestern schon trockenes Holz im Wald gesammelt. Den grauen Qualm kann man schon von weitem sehen.

Im Inneren des kleinen Häuschens ist Leni, die Frau von Luritz, ebenfalls schon bei der Arbeit. Sie hat die Zutaten für den Kuchenteig verrührt und knetet den Teig auf dem hölzernen Tisch kräftig durch. „Was backe ich bloß?“, fragt sie sich. „Letzte Woche gab es Schokoladenkuchen, die Woche davor gab es Heidelbeerkuchen, davor hatten wir sogar Erdbeerkuchen. Heute soll es mal ein Apfelkuchen sein!“ Doch dann fällt ihr ein, dass es in der Vorratskammer gar keine Äpfel mehr gibt.

„Luritz, Luritz! Komm schnell, ich brauche deine Hilfe!“, ruft sie. Sofort kommt Luritz angerannt. „Was gibt es denn so Wichtiges, Leni?“, fragt er. Leni erklärt ihm, dass er unbedingt noch frische Äpfel holen muss, und zwar die eine Sorte, die ganz rot ist. „Mhm“, überlegt Luritz, „können es nicht auch grüne Äpfel sein? Die wachsen in Unmengen bei uns hinten im Garten.“ Aber Leni lehnt ab. „Wenn ich mir solche Mühe mit dem Backen gebe, kannst du mir auch die Früchte besorgen, die ich für meinen Kuchen benötige.“ Und da Leni mit sehr strenger Miene antwortet, weiß Luritz sofort, dass Widersprechen zwecklos ist. „Genau solche Äpfel brauche ich, und zwar so schnell wie möglich!“ In einem alten Backbuch zeigt Leni dem Zwerg eine Abbildung.

„Das wird nicht einfach werden, Lenilein!“, erwidert Luritz. Ich kenne keinen Baum, der solche knallroten Äpfel trägt. So weit laufen will ich auch nicht bei dieser Hitze. Und außerdem muss ich auf das Feuer aufpassen.“ Doch Leni gibt keine Ruhe. „Ich habe vor einigen Tagen bei meinem Spaziergang solche Äpfel gesehen, es war gar nicht weit von hier. Komm mit, ich zeig dir den Weg.“

Gemeinsam laufen sie los. Und wirklich, ganz in der Nähe ihres kleinen Häuschens steht ein wunderschöner, großer Apfelbaum. Seine Äste biegen sich schon unter der schweren Last der vielen Früchte. „Na, siehst du, so schwierig ist es doch gar nicht. Nun pflück schon welche.“

Doch Luritz kann keine Äpfel ernten, denn zwischen ihm und dem Apfelbaum liegt eine tiefe Schlucht. „Wie soll ich denn da rüberkommen?“, grübelt er und sucht eine Brücke oder eine andere Möglichkeit, um auf die andere Seite zu gelangen. Doch er findet kcine. Die Schlucht ist sehr tief und die Gefahr hinunterzufallen, ist einfach zu groß.
Aber Leni ist das egal. „Bis gleich!“, ruft sie ihm zu und geht zurück in ihr Häuschen. „Und vergiss nicht, ich brauche mindestens zwei Kilo von diesen roten Äpfeln.“

Der Zwerg geht ratlos zurück ins Dorf, wo er auf Lemmnitz trifft. „Lemmi, kannst du mir vielleicht helfen? Leni will unbedingt rote Äpfel und die hängen nur an einem Baum gegenüber der Schlucht!“ Lemmnitz ist der Erfinder im Dorf und ihm fällt eigentlich immer etwas ein. „Über die Schlucht willst du? Ich hätte da eine Idee. Hast du Angst vorm Fliegen?“, fragt er seinen Freund Luritz.

Als Pünktchen kommt und die beiden Zwerge hört, muss er laut lachen. „Also, dass Vögel fliegen können, das weiß ich schon, aber fliegende Zwerge habe ich noch nicht gesehen." Und vor lauter Lachen hält er sich seinen dicken Bauch. Doch Lemmnitz meint es ernst. „Ich habe schon vor einiger Zeit Pläne für eine Flugmaschine entworfen, nur gebaut habe ich sie noch nicht. Wenn du mir hilfst, könnten wir es schaffen." Doch auch Luritz ist misstrauisch. „Nur für ein paar rote Äpfel willst du eine Flugmaschine bauen, ist das nicht etwas aufwändig?" Aber Lemmi winkt ab. „Ich will sie schon die ganze Zeit bauen, warum also nicht jetzt? Und wie ich deine Frau Leni so kenne, wird sie sicher sehr verärgert sein, wenn du ohne Äpfel nach Hause kommst." Da hat Lemmnitz natürlich Recht und so beschließen die beiden, sofort mit dem Bau der Flugmaschine zu beginnen.

Im Arbeitsraum von Lemmnitz hängen viele Pläne an der Wand. Sein Werkzeug ist ordentlich in Regale geordnet oder mit Haken an der Wand befestigt. Sofort beginnt Lemmnitz mit der Ausarbeitung seiner Flugmaschine. Er zeichnet und malt, radiert und kritzelt unverständliche Formeln auf das Papier und nach einiger Zeit ruft er laut aus: „Juchhu! Genau so muss es sein!“

Und dann geht er in seinen Garten, holt Hammer und Nägel aus dem Schuppen, schleppt Holzbalken heran und wickelt ein dickes Seil auf, das neben seiner Haustür hängt. Er schiebt die Balken von rechts nach links, von oben nach unten, nagelt sie zusammen, reißt sie wieder auseinander, wickelt das Band um die Bretter und sägt aus einem dicken Baumstamm Räder.
Als Luritz kommt, staunt er nicht schlecht: „Und das ganze Wirrwarr willst du zum Fliegen bringen? Da bin ich aber mal gespannt.“ Doch Lemmnitz lacht nur.

„So ist es immer, wenn ich eine Maschine erfinde. Erst sieht es nach gar nichts aus und alle meine Freunde machen Witze darüber. Dann aber, wenn es fertig ist und gut funktioniert, kommen sie aus dem Staunen nicht mehr heraus. Warte nur ab, in wenigen Minuten kannst du dich auf meine Flugmaschine schwingen und losfliegen.“ Da schaut ihn Luritz erstaunt an. „Ich soll mich auf diese Maschine setzen? Nie im Leben. Den ersten Flug musst du schon selbst machen.“ Kurze Zeit später ist die Flugmaschine fertig.

Gemeinsam schieben sie das Flugmodell auf die große Wiese, denn Lemmnitz braucht viel Platz zum Anfahren. „Du bist aber mutig!“, rufen ihm die anderen Zwerge zu, als er sich auf den Sattel setzt und kräftig in die Pedale tritt. Immer schneller und schneller fährt er. Er tritt, so schnell er kann, und die Maschine saust schnell den Abhang hinunter.

Plötzlich beginnt das ganze Holzgestell zu wackeln, die Segel füllen sich mit Luft und ziehen Lemmnitz mit seiner Maschine in die Höhe. „Es fliegt, es fliegt!“, rufen ihm die anderen Zwerge aufgeregt zu. „Was habt ihr denn gedacht? Es ist doch eine Flugmaschine!“, ruft Lemmnitz ihnen von oben zu und fliegt ein paar Runden über die Köpfe der Zwerge.
„Wo soll ich denn jetzt hinfliegen?“, fragt er.
Da ruft Leni in die Lüfte: „Zum Apfelbaum auf der anderen Seite der Schlucht. Und bring so viel mit, wie es geht. Zur Feier des Tages backe ich Apfelkuchen für alle.“

Er fliegt und fliegt, er dreht fröhlich seine Runden und dann steuert er auf den Baum hinter der Schlucht zu. Die Zwerge jubeln ihm zu und mit großem Geholper setzt er auf der anderen Seite zur Landung an.

Dann schüttelt er den Baum und massenweise knallrote Äpfel fallen auf ihn herunter. „Das wird aber höchste Zeit, dass man deine Früchte erntet“, sagt er zum Baum und packt die Früchte in einen Rucksack. Der ist bald so prall gefüllt mit Äpfeln, dass Lemmnitz ihn kaum mehr tragen kann. „Wenn ich zu schwer beladen bin, kann ich nicht mehr fliegen.“
Er setzt sich seinen Rucksack auf und fliegt zurück ins Zwergendorf, wo er mit großem Jubel empfangen wird. Leni freut sich über die vielen Äpfel und beginnt gleich mit dem Kuchenbacken. Ein köstlicher Duft liegt über dem ganzen Dorf und bald haben sich die Zwerge am großen Tisch versammelt, um gemeinsam den Apfelkuchen zu verspeisen. Am Ende des Tages sind sie so satt, dass sie kaum mehr laufen können!

# Das Picknick

Heute ist es wieder so weit! Opa Zwirli hat für alle kleinen Zwerge ein Picknick organisiert. Das macht er jedes Jahr und er bereitet sich gut darauf vor.

Schon einige Tage vorher backt und kocht er, damit er am Tag des Ausflugs nicht so viel Zeit damit verbringen muss. Und jedes Jahr sucht er sich einen anderen Platz dafür aus. Heute haben sie sich auf einer blühenden Wiese niedergelassen. Da die Sonne aber sehr heiß scheint und es keine Schatten spendenden Bäume gibt, wird es den Zwergen nach kurzer Zeit viel zu warm. Opa Zwirli gerät so ins Schwitzen, dass er gar keinen Hunger mehr hat. „Schönes Wetter ist ja gut, aber so heiß wie heute war es lange nicht mehr!“, stöhnt er unter der Hitze.
Da kommen auch schon die Kinder angerannt: „Opa, wir können gar nicht richtig toben, weil uns so heiß ist. Können wir nicht an einen anderen Platz gehen?“, fragen sie, während ihnen der Schweiß ins Gesicht läuft. Opa Zwirli muss nicht lange überlegen. „Es gibt einen wunderschönen Platz in den Bergen, an dem kühles Wasser über die Felsen fließt. Der Weg dorthin ist weit und beschwerlich, aber es ist wirklich wunderschön!“ Die Aussicht auf ein kaltes Bad im Fluss lässt die Kinder jubeln. Natürlich wollen sie den weiten Weg auf sich nehmen.
Die Rucksäcke sind schnell gepackt und dann geht es los!

Trotz der Hitze kommen sie zügig voran. Der Weg geht immer geradeaus und es ist nicht sehr anstrengend. Nach gut einer Stunde Wegzeit erreichen sie eine kleine Anhöhe. Opa Zwirli bleibt kurz stehen. „Da müssen wir jetzt hinauf und es wird immer steiler und steiler. Schafft ihr das denn?“, fragt er die kleinen Zwerge. Diese nicken mit den Köpfen und setzen ihren Weg fort. Damit ihnen nicht langweilig wird, erzählt Opa Zwirli eine Geschichte. „Ich bin dort das letzte Mal vor vielen Jahren gewesen. Mein Vater hatte diesen Ort zufällig entdeckt, weil er sich im Gebirge auf der Jagd verlaufen hatte. Drei Tage ist er durch Wälder und Berge geirrt, ohne einen Tropfen Wasser. Am vierten Tag hat er das Rauschen des Flusses gehört und konnte endlich seinen Durst stillen. Seitdem haben wir jedes Jahr einen Ausflug dorthin unternommen und es war immer sehr, sehr schön!“ Die kleinen Zwerge hören aufmerksam zu und während sie noch ohne Probleme den Abhang erklimmen können, schnauft Opa Zwirli immer lauter.

„Bald sind wir da, es ist nicht mehr weit. Lasst euch nicht entmutigen!“ Opa Zwirli wird immer langsamer und die Zwerge müssen über ihn lächeln, denn er will nicht zeigen, dass er schon sehr außer Puste ist.
„Opa Zwirli, können wir nicht mal eine Pause machen?“, fragt der kleinste der Zwerge. Aber Zwirli treibt sie immer weiter voran. „Pause machen wir erst, wenn wir am Fluss sind, da ist es nämlich viel schöner. Jetzt lasst uns keine Zeit verlieren.“
Der Weg wird immer steiler und führt über Berggipfel wieder hinunter in kühle Täler.

Bald erreichen sie eine tiefe Schlucht. „Jetzt ist es nicht mehr weit“, ruft Opa Zwirli. „Und schaut nicht den tiefen Abhang hinunter, sonst wird euch vielleicht schwindelig.“

Auf der rechten Seite des Weges geht es wirklich steil hinab. Einige der kleinen Zwerge drängen sich dicht an die Wand, um nicht zu nahe am Abhang zu gehen. Immer höher und höher führt sie der Weg.

Dann, nach einem langen Fußmarsch, sind sie wirklich ganz oben angelangt. Von hier aus haben die Zwerge einen wunderschönen Ausblick. Man kann über das ganze Tal schauen. Dann hören sie das Rauschen des Flusses. „Wasser, endlich haben wir den Fluss erreicht", jubeln die Kinder. Doch Opa Zwirli muss sie erst einmal stoppen. „Erst müssen wir über die Hängebrücke und da müssen wir vorsichtig sein, denn es ist eine sehr wackelige Angelegenheit."

„Wer möchte als Erstes über die Brücke gehen und testen, ob sie uns noch hält?“ Natürlich meldet sich keiner freiwillig. Also setzt Opa Zwirli vorsichtig seinen Fuß auf die Brücke. Er rüttelt und wackelt, aber nichts passiert.

„Nun kommt schon, Kinder, beeilt euch oder wollt ihr heute nicht mehr schwimmen gehen?“, ruft er den kleinen Zwergen vergnügt zu.
Natürlich wollen die Kinder schnell baden. Mit viel Jubel erstürmen sie die wackelige Brücke.

Das Wasser im Fluss ist schön kalt und dicke Fische tummeln sich darin. Der kleine Zwerg Nori ist als Erster im Wasser und jagt den bunten Fischen hinterher. „Bleib stehen, ich fang dich ja doch!“, ruft er dem Fisch hinterher, aber der ist viel zu schnell und glitschig, um sich von Nori fangen zu lassen. Der Fisch freut sich über das lustige Spiel. Jedes Mal, wenn er dem Zwerg wieder entwischt ist, schwimmt er einige Meter weiter und wartet dann auf seinen Verfolger, bis dieser sich wieder nähert und erneut nach ihm grabscht.

Nun kommen auch andere Fische dazu und tummeln sich im klaren Wasser. Opa Zwirli hat sich unter einen Baum in den kühlen Schatten gelegt und ruht sich aus. Diese Wanderung hat ihn doch sehr angestrengt, auch wenn er es vor den Kindern nicht so zeigen wollte. Nun kann er endlich tief durchatmen. Kurze Zeit später ist er auch schon eingeschlafen. Den Kindern macht das nichts aus, denn sie spielen und toben ausgelassen im Wasser herum.

Nur Fritzi hat sich seine Kleider nicht ausgezogen, um mit den anderen im Wasser zu toben. Er kann nämlich nicht schwimmen und will deshalb nicht in den Fluss hüpfen. Ich kann auch ohne zu schwimmen meinen Spaß haben, denkt er sich und baut aus Steinen einen Weg durch das Wasser, bis er mitten im Fluss sitzt. „Prima, dass ich mein Netz dabeihabe. Hier fange ich bestimmt die dicksten Fische!“, ruft er laut und hält sein Netz in die rauschenden Wellen. Das Wasser schlägt gegen die grauen Steine und ein paar Spritzer treffen Fritzi direkt ins Gesicht, aber das macht ihm nichts aus. Im Gegenteil, da er noch ganz verschwitzt von der langen Wanderung ist, kommt ihm diese Abkühlung gerade recht.

Als es im Netz zappelt, zieht er es schnell nach oben, doch der kleine Fisch kann sich mit einem Sprung hinaus noch retten. Da hält Fritzi das Netz erneut in das Wasser und wartet geduldig, bis wieder ein Fisch hineinschwimmt.

Und dann, plötzlich, zappelt
ein großer dicker Fisch darin!

Fritzi staunt nicht schlecht, als er den großen Kerl sieht. „So einen dicken Fisch habe ich ja noch nie gefangen. Ich glaube, hier sollten wir öfter angeln gehen.“ Der Fisch schaut ihn so freundlich an, dass er es nicht übers Herz bringt, ihn zu behalten. „Ich schenke dir die Freiheit!“, ruft er laut und wirft den Fisch in den kalten Fluss zurück.

Der Fisch freut sich riesig, dreht sich noch einmal um sich selbst und winkt mit der Flosse, bevor er untertaucht und schnell davonschwimmt. Die anderen Freunde winken Fritzi fröhlich zu und fordern ihn auf, mit ins Wasser zu kommen. „Ich bleibe lieber hier“, ruft er ihnen zu, „ich habe viel zu viel Angst, dass ich im tiefen Wasser untergehe.“

Die Zwerge haben sich aus Brettern und Ästen Surfbretter gebaut und versuchen auf den kleinen Wellen zu reiten. Das ist nicht einfach und ständig plumpst einer von ihnen ins Wasser. So haben die anderen viel zu lachen.
Die kleinen Zwerge werfen sich einen Stock zu und tauchen später um die Wette. So verbringen sie den ganzen Nachmittag und haben viel Spaß zusammen.
Gut gelaunt, machen sie sich auf den Heimweg. Opa Zwirli ist gut erholt, denn er hat fast den ganzen Nachmittag geschlafen. Die Zwerge sind sich aber einig, dass es das schönste Picknick war, das sie je unternommen haben. Und beim nächsten Mal möchten sie unbedingt wieder an diesen schönen Platz wandern.

Nun wird es Abend im Zwergendorf und die Sonne geht langsam unter. Die Zwerge kommen alle von ihren Wanderungen und Ausflügen zurück, um später nicht im dunklen Wald herumzuirren, obwohl Zwerge sehr gut im Dunkeln sehen können. Oft noch schleichen sie sich nachts auf die Wiesen, um die Nachttiere zu beobachten.

Die Tiere fürchten sich nicht vor ihnen, denn noch nie hat ein Zwerg einem Tier etwas zu Leide getan. Im Gegenteil, sie helfen ihnen bei Verletzungen und suchen Futter für sie, wenn es im Winter kalt ist und es nur wenig zu fressen gibt. Zwerge sind eben immer freundliche Wesen, wie ihr aus unseren Erzählungen erfahren konntet. Deshalb ist es sicherlich gut, dass sie in sehr abgelegenen Gegenden wohnen und nicht so schnell gefunden werden können.
Die Zwerge verachten außerdem die lauten Autos von uns Menschen, denn sie haben Angst vor den Motorengeräuschen. So ist es also besser, dass sie sich weit ab von unseren Dörfer und Städten ansiedeln.

Im Zwergendorf ist es nun ganz leise, denn alle Zwerge haben sich schlafen gelegt. Nur Vogel Rubi und der sportliche Marienkäfer sind noch wach und sitzen auf einem Ast friedlich zusammen. Sie lieben es, mit den Zwergen im Zwergendorf zu leben, denn dort ist immer etwas los und so wird es ihnen nie langweilig!